THÉRÈSE DESQU[...]

François Mauriac

Fiche de lecture

Rédigée par Kathy Jusseret (Université catholique de Louvain)

lePetitLittéraire.fr

Retrouvez tout notre catalogue sur www.lePetitLitteraire.fr
Avec lePetitLittéraire.fr, simplifiez-vous la lecture !

© Primento Éditions, 2011. Tous droits réservés.
4, rue Henri Lemaitre | 5000 Namur
www.primento.com
ISBN 978-2-8062-1404-1
Dépôt légal : D/2011/12.603/317

SOMMAIRE

THÉRÈSE DESQUEYROUX

FRANÇOIS MAURIAC

François Mauriac (1885-1970), Bordelais d'origine, s'installe à Paris en 1907 pour embrasser une carrière littéraire. D'abord poète, ce sont ses romans qui le rendent célèbre : *Le Baiser du lépreux* (1922), *Thérèse Desqueyroux* (1927), *Le Nœud de vipères* (1932).

L'écrivain est consacré à plusieurs reprises ; il reçoit notamment le Prix Nobel de littérature en 1952. Durant la guerre, il s'inscrit dans le combat politique en prenant part à la résistance intellectuelle et, en 1958, il est décoré de la Grand-croix de la Légion d'honneur.

- **Né en 1885 à Bordeaux, décédé en 1970 à Paris**
- **Écrivain français, lauréat du Prix Nobel de littérature en 1952**
- **Quelques-unes de ses œuvres :**
La Chair et le Sang (1920), roman
Le Mystère Frontenac (1933), roman
Le Sagouin (1951), roman

Confession d'une épouse criminelle

Thérèse Desqueyroux est le chef-d'œuvre de Mauriac. Le roman obtient un succès immense à sa publication en 1926 dans la *Revue de Paris* et en 1927 en volume chez Grasset. L'histoire, tirée d'un fait divers, est celle de Thérèse, accusée d'avoir empoisonné en vain son mari. Le roman s'ouvre par le non-lieu prononcé par la justice en faveur de Thérèse. Sur la route du retour, elle prépare sa confession. À travers ce roman, Mauriac fustige la bourgeoisie catholique et conservatrice dont il est issu et analyse les passions humaines.

1. RÉSUMÉ

Chapitre I

Thérèse quitte le palais de justice en compagnie de son avocat, maitre Duros. Le juge a prononcé un **non-lieu pour le crime dont elle est accusée**. À la sortie, son père, M. Larroque, les attend. Les deux hommes et Bernard Desqueyroux, le mari de Thérèse, avaient mis au point une version avouable du drame, préférant **sauver l'honneur de la famille**. Le plan élaboré pour Thérèse est de rentrer à Argelouse où ils ne changeront rien à leurs habitudes, son père estimant que le mal causé à la famille est déjà assez important et que la seule chose à faire est de **rester discret**.

Chapitre II

Durant le **voyage de nuit qui la ramène** dans la lande, Thérèse repense aux évènements passés. Très vite, **ses pensées s'assombrissent** et elle sent une chape de plomb reposer sur ses épaules, un poids de solitude et de monotonie.

Elle imagine **la confession** qu'elle fera à ce mari dont elle a voulu se débarrasser. Progressivement, elle revoit les strates de son passé : son enfance, son adolescence, époque où son sérieux était souligné par les maitresses et où son amitié pour Anne de La Trave, demi-sœur de Bernard, était intense.

Chapitre III

Rentrant dans ce lieu confiné à l'« extrémité de la terre », elle réfléchit aux **éléments qui ont conduit à son mariage**. Il est le résultat d'un arrangement entre familles voisines. Bernard a donc épousé la plus riche et intelligente fille de la lande, Thérèse. Cette dernière était tout le temps avec Anne, la demi-sœur de Bernard, dont elle appréciait la présence.

Chapitre IV

Thérèse se souvient du jour «étouffant» de ses noces, durant lequel elle a senti que tout était perdu. À cette époque, s'était également nouée une liaison entre **Anne et Jean Azévédo**. La jeune femme était follement amoureuse de Jean, ce dont témoignaient les lettres qu'elle adressait à Thérèse. Cela dit, cette relation n'était pas destinée à se concrétiser car le jeune homme ne convenait pas à la famille Desqueyroux : il était juif et d'une famille, dit-on, de dégénérés. Par ailleurs, la famille Desqueyroux lui promettait un **autre destin** : celui d'épouser le jeune Deguilhem.

Chapitre V

La famille s'était chargée d'empêcher Anne de voir Jean, interdiction dont la jeune femme souffrait énormément. **Thérèse, jalouse de la relation passionnelle qu'Anne connaissait** et à laquelle elle-même n'avait pas droit auprès de Bernard, a accepté d'aider le reste de la famille à **détruire cette relation**. Durant ces événements, **Thérèse était enceinte**, maternité qu'elle refusait.

Chapitre VI

Bernard a insisté auprès de **Thérèse pour que celle-ci s'entretienne avec Azévédo**. Ce qui a fini par se produire. Elle et Jean ont discuté et, avec Thérèse, la chose est apparue clairement : Jean n'avait pas l'intention d'épouser Anne et ne l'avait jamais eue. Ce qu'il voulait, c'était lui **faire connaître la passion**, le rêve, pour qu'elle puisse, le reste de sa vie, supporter la monotonie. Thérèse et Jean ont discuté de ce dont il n'était jamais question chez les Desqueyroux : **il lui a livré son cœur** et son opposition à la discrétion provinciale, toute superficielle, pour lui souligner le fait que seule la **vie de l'esprit** comptait.

Chapitre VII

Thérèse est rentrée et Bernard lui a annoncé qu'il était anémique et qu'il allait suivre un traitement. Quelques temps après, elle a revu Jean, qui lui a annoncé qu'il allait quitter Argelouse. Quant à Anne, que l'on détenait de force, elle en voulait énormément à sa famille. Elle a fui pour le retrouver, mais elle est arrivée alors qu'il avait déjà quitté les lieux. Anne s'est alors retournée **contre Thérèse, qu'elle a accusée de l'avoir trahie**, et est ensuite restée enfermée à la maison.

Chapitre VIII

La **solitude de Thérèse** était pesante pour la jeune femme et accrue par le fait qu'elle avait l'impression de n'être rien de plus que **la porteuse de l'enfant Desqueyroux**, centre de l'attention de tous.

Thérèse poursuit l'élaboration de sa confession, chose qu'elle fait non seulement pour être pardonnée, mais aussi pour tenter de comprendre elle-même ce qui est arrivé. C'était le jour de l'incendie à Mano, non loin d'Argelouse : Bernard a été distrait lorsqu'il a versé dans son verre les gouttes de son traitement et alors qu'il en versait trop et qu'elle s'en est rendue compte, elle ne l'a pas retenu. Bernard s'est porté très mal et le docteur est venu. Thérèse a alors continué **d'augmenter les doses de médicaments, ayant compris que l'issue pour son mari pourrait être fatale**. Le médecin, alarmé par l'état grave de son patient a enfin compris et a porté plainte.

Chapitre IX

Le chemin du retour prend fin ; Bernard attend sa femme à la maison. Alors qu'elle se trouve face à lui, Thérèse **prend conscience qu'elle ne peut lui avouer** tout ce à quoi elle a pensé sur la route. Il lui annonce alors le plan qu'il a élaboré : elle restera **recluse** sur leur domaine avec tante Clara. Le couple continuera d'aller à la messe dominicale et de se rendre le jeudi chez son père **comme d'habitude**. L'intention de Bernard est de **faire cesser toute rumeur** qui pourrait souiller son nom. Tout ce qui compte à ses yeux est que la famille paraisse unie. Une fois que l'affaire sera tassée, Anne pourra se marier avec Deguilhem et, pendant ce temps-là, Marie ira vivre dans le Sud chez la mère de Bernard.

Chapitre X

Petit à petit, Thérèse s'enfonce dans la solitude. Elle prend conscience que la confession à laquelle elle a pensée ne peut être dite dans la réalité et qu'elle va être anéantie à petit feu. Elle pense alors au **suicide**. Elle prend les poisons qu'elle gardait cachés, dit au revoir à sa fille et, alors qu'elle rentre dans sa chambre pour l'ingérer, on lui annonce **la mort de sa tante Clara**.

Chapitre XI

Monotonie et solitude résument les jours de Thérèse. Dans le bourg, on la pense innocente et l'idée court que c'est le moral qui est atteint. Bernard, voyant que la rumeur ne court plus, annonce à Thérèse qu'elle est dispensée d'aller à la messe. La nouvelle est un choc car il s'agissait pour elle d'un sombre réconfort dans sa vie misérable. C'est également à cette époque qu'Anne, Marie et Bernard quittent la maison. Elle se laisse alors aller. Sans fin, dans sa chambre, elle fume, boit et rêve. Et petit à petit, **physiquement et moralement, elle dépérit**.

Chapitre XII

Un jour, elle reçoit une lettre de **Bernard annonçant qu'il va rentrer avec Deguilhem**. Pour cela, il faut qu'elle soit présentable. Mais, malgré ses efforts pour se reprendre en main et retrouver sa lucidité, son apparence est médiocre. Quand la famille arrive, ils sont surpris par ce **spectacle auquel ils ne s'attendaient pas**.

Finalement, le **régime de séquestration est adouci** pour pouvoir la remettre en état et la libérer ensuite ou, plutôt, la faire disparaitre. **Elle ira à Paris** après le mariage d'Anne.

Chapitre XIII

Bernard amène Thérèse à Paris. Titillé par la curiosité, il lui demande **pourquoi** elle a tenté de le tuer. Elle essaye de lui expliquer son geste, sans succès. Elle n'arrive pas à formuler sa confession. Elle tente de s'excuser, mais, **agacé, il part sans l'écouter**. Finalement, Thérèse est **laissée là, assise seule à la terrasse d'un café** parisien et perdue dans la foule.

2. ÉTUDE DES PERSONNAGES

Thérèse Larroque

Elle est née à Argelouse, dans un domaine peuplé de pins. Son père est maire et se présente aux élections sénatoriales. Sa mère étant morte en couches, Thérèse a été élevée par la vieille tante Clara dans la maison familiale. Son père est resté absent jusqu'au jour où il l'a mariée à un jeune héritier, Bernard Desqueyroux.

Thérèse semble en **décalage** par rapport au milieu dans lequel elle évolue :

Elle est **fascinante** et charmante. **Fragile, vive et intelligente**, la vie de famille la rend **solitaire, sensible et renfermée**. Assoiffée de pureté et d'amour, ses traits de caractère ne correspondent pas à ce que le petit monde étroit d'esprit dans lequel elle vit conçoit comme acceptable. Cette différence se dénote par une indifférence accrue envers Bernard et le reste de la famille, excepté, au début, Anne et tante Clara.

Elle nourrit un **sentiment d'insuffisance et d'inutilité** dans cette famille dans laquelle elle semble être un monstre. Cette idée est renforcée par la naissance de sa fille, qu'elle rejette, car il s'avère que toute la famille ne voit plus dans Thérèse que la porteuse de cet enfant ; sa propre individualité est niée. Marie née, Thérèse ne développe **aucun sentiment maternel** ; c'est Anne qui s'occupe de la petite.

Thérèse est un **personnage monstrueux** auquel pourtant le lecteur s'identifie. Cela est permis par le retour que fait Thérèse sur son passé et l'exploration intérieure de ses actes. Cette confession justifie le crime par la souffrance que vit la protagoniste. C'est le crime d'une jeune femme poussée par son entourage, d'un **être épris d'authenticité** qui n'est pas dans les mouvances des conventions bourgeoises. Elle est la **victime du milieu qui l'entoure**, raison pour laquelle le lecteur ressent de la pitié et de la compassion à son égard.

Bernard Desqueyroux

Mari de Thérèse et respectable bourgeois de la région, il aime la bonne chaire, bien boire et chasser. Son seul intérêt est la **respectabilité de sa famille et de son nom**. Il est rustre et indifférent envers son épouse. Il mesure à quel point elle lui est différente par son intelligence et sa vivacité.

Elle n'est pas la femme inepte et soumise qu'il aurait voulu qu'elle soit. **Ils n'ont rien en commun**, rien à partager.

Il ne conçoit la vie qu'à travers **le respect des convenances** :

- Son mariage avec Thérèse n'est pas du tout un mariage d'amour, mais un **arrangement entre familles voisines**, respectables, dont les enfants devaient perpétuer la tradition, le nom honorable et garder les richesses dans des mains saines.

- Tout est basé sur **l'honneur de la famille**, c'est pourquoi il fait un faux témoignage. De plus, pour cet honneur à sauver, lui et les siens jouent un jeu devant les gens pour que tout paraisse lisse. Ils continuent de mener une vie normale et restent hypocrites jusqu'au bout en masquant la disparition de Thérèse.

La critique de Mauriac envers ce personnage est représentative d'une **critique de la bourgeoise provinciale entière** et concerne donc également **M. Larroque**, dont le **carriérisme politique** est flagrant.

Anne de la Trave et Jean Azévédo

Anne de la Trave est la demi-sœur de Bernard et la grande amie de Thérèse depuis l'adolescence. Jean Azévédo est un jeune homme de la lande, juif et dont on dit que sa famille est celle de dégénérés. Ces deux personnages sont importants en raison des sentiments qu'ils font naitre chez Thérèse. Anne de la Trave, **jeune fille fougueuse**, entretient une **relation passionnelle avec Jean**, dont elle est amoureuse. Tout ce qu'elle ressent rend Thérèse fortement jalouse d'elle. Cela attise chez elle l'envie de ce qu'elle n'a pas et qu'elle ne peut même pas rêver avoir.

De plus, **Jean** est un **esprit libre**, ce dont se rend compte Thérèse quand elle discute avec lui, lorsqu'ils parlent littérature et refont le monde. Alors, elle mesure pleinement ce qui lui manque, non seulement la relation qu'elle jalouse, mais également d'avoir un entourage fait de gens qui lui ressemblent. En somme, cette relation accroit la souffrance et l'immobilisme de Thérèse.

3. CLÉS DE LECTURE

Structure du récit

Le récit est scindé en **13 chapitres numérotés** et non titrés, précédés d'une **adresse à « Thérèse »**.

Dans l'**adresse à Thérèse, Mauriac apostrophe directement** son personnage, ce qui a pour effet de montrer que l'histoire de la jeune héroïne n'est pas uniquement fictionnelle. Mauriac élabore une **critique** fustigeant la bourgeoisie provinciale et conservatrice de l'époque.

Quant au récit, narré presque entièrement à la troisième personne par un narrateur externe, il peut être divisé en 3 parties :

Chapitre I : Sortie du palais de justice, le non-lieu a été prononcé en faveur de Thérèse

> Le lecteur est directement plongé dans l'action. Il s'agit donc d'un incipit « in medias res ». En effet, les premières lignes amènent le lecteur à la sortie du palais de justice. Le non-lieu d'une affaire dont on ne sait encore rien est prononcé. Dans ce chapitre, nous apprenons que Thérèse est la **coupable**, mais l'histoire révèlera qu'il faudrait la considérer également comme la **victime**.

Chapitres II-VIII : Thérèse passe en revue son passé et élabore sa "confession"

> Ces chapitres sont rédigés sous la forme d'une **analepse** (ou **flash-back**), figure de style où il y a un retour sur un évènement appartenant au passé. C'est un long **monologue intérieur** par lequel le lecteur pénètre dans l'intimité de la pensée de Thérèse. Le voyage spatial de Thérèse qui rentre chez elle et l'exploration intérieure de sa confession se stoppent brusquement à l'arrivée à Argelouse, l'« extrémité de la terre » : là où la douleur s'est nouée et où le crime a eu lieu.

Qu'il s'agisse d'un retour en arrière n'empêche en rien qu'il y ait également une **projection de l'avenir**. En effet, Thérèse prépare la confession qu'elle exposera à son mari à son arrivée.

Chapitres IX-XIII : Retour de Thérèse à Argelouse, réclusion et abandon dans Paris

On assiste ensuite **au retour brutal au présent** de l'histoire. Après le monologue, on en revient à un récit factuel et à la considérable désillusion que vit Thérèse : face à son mari, elle sent qu'elle ne pourra lui exposer ses explications. Elle vit la séquestration puis l'abandon à Paris, dans la foule des badauds. Cette **fin ouverte** permettra à l'écrivain de poursuivre l'histoire de Thérèse dans un cycle de romans et de nouvelles.

Une critique de la bourgeoisie et une mise en relief de la douleur humaine

Une critique réaliste

La liberté de la femme dans le milieu bourgeois conservateur et catholique de Bordeaux du premier tiers du siècle dernier est bel et bien ce que Mauriac critique dans ce roman. Sous l'apparence d'un roman classique, il s'agit **d'une étude de mœurs très réaliste** et tout autant **cruelle**. Ce que Mauriac tente de révéler par le récit et le style qui suit les méandres de la réflexion de l'héroïne, de sa conscience et de ses tréfonds est la **longue destruction de l'individu**, celle d'une jeune femme emprisonnée par une famille bourgeoise. Progressivement, le narrateur nous permet de saisir le fond du drame et de montrer l'injustice qui y réside. Thérèse est certes le personnage de fiction d'un récit très noir, mais la critique est bel et bien celle de **la réalité de la vie provinciale**, ce que Mauriac souligne dans l'adresse qui précède le récit (« Thérèse, beaucoup diront que tu n'existes pas »).

La liberté réduite à néant

L'image représentative de la séquestration de Thérèse est la chasse aux palombes. Comme l'oiseau, Thérèse est la **proie de sa famille**, enfermée dans cette lande, où les **forêts de pins** font figure de **barreaux**. La condition humaine est ici interrogée à travers le vécu de la solitude et de l'enfermement qu'elle a ressenti dès son mariage : le jour des noces fut « étouffant ». Mauriac fait merveilleusement bien passer le renfermement sur elle-même de Thérèse et la **douleur de sa captivité**.

À travers cette histoire, il met en relief la question de la **déshumanisation**, thème que l'on retrouve dans le roman psychologique moderne (et qui aboutira dans le nouveau roman à la **suppression dans l'histoire de la notion de personnage romanesque**).

Si l'on s'interroge sur le parcours de Thérèse, il est résumé en ces lignes : « Matinées trop bleues : mauvais signe pour le temps de l'après-midi et du soir. Elles annoncent les par-terres saccagés, les branches rompues et toute cette boue. » On mesure la chute de sa condition de femme alors que son enfance était heureuse et ne laissait pas entrevoir un avenir si cruel.

Notons le **rapprochement** que l'on peut faire avec L'étranger de Camus. Mauriac esquisse le personnage monstrueux par sa froideur et son indifférence vis-à-vis de sa propre vie et de ce qui l'entoure. Thérèse ne s'est pas rendue maitre de son destin, elle s'est mariée par convention, elle est étrangère à son mari, elle ne voit pas l'horizon et sa vie est contrôlée par d'autres. Elle fait montre **d'immobilisme** : sa vie est insoutenable et elle est accablée d'événements qu'elle subit sans révolte. C'est d'ailleurs presque par hasard qu'elle pense au poison.

Libre malgré tout ?

Bien que ce roman soit celui de la souffrance et de la **séquestration mentale et physique**, la fin du roman semble positive. Thérèse a **vaincu** son enfermement et se retrouve dans **l'immensité d'une ville sans frontières**, dans un endroit où elle est libre, loin du monde d'où elle provient, qui ne remettait pas en question l'ordre établi, un monde conformiste qui ne pouvait concevoir la **digression**.

Le respect des conventions

La **négation de l'individu** est justifiée par la nécessité de **respecter les convenances**. En effet, l'honneur de la famille et du nom est la valeur suprême à défendre, au même titre que la propriété et la richesse. Le fait que l'on veuille faire sortir du champ Jean Azévédo est lié à cela, tout comme **l'ensemble des comportements des personnages** qui entourent la protagoniste : le faux témoignage ; la séquestration de Thérèse masquée par son habitude maintenue d'aller à la messe et au rendez-vous du jeudi chez son père ; les raisons de son état et le masquage de sa disparition. Toute anecdote participe de cette hypocrisie que dénonce Mauriac.

Ce **respect des conventions** est frappant quand on s'interroge sur les raisons qui ont amené Thérèse à accepter la main de Bernard : elle ne refuse pas le mari qui lui est destiné mal-gré toutes les possibilités de vie qu'elle aurait pu avoir. Ces raisons pourraient être les sui-vantes : l'amitié d'Anne, le parti convenable qu'était Bernard, la pression du milieu familial et social ou encore son sens de la propriété.

La **confrontation de deux mondes** est un autre aspect intéressant du roman. Il y a une opposition entre la bourgeoisie provinciale (la majorité des personnages) et la **bohème parisienne** qu'Azévédo et Thérèse nous font apercevoir à travers leurs conversations, leurs aspirations, et que l'on note dans la fin heureuse mais trouble du récit.

Quelle responsabilité ?

Au final, la criminelle ne semble pas être celle qu'on pense. Si l'on pose la question de la responsabilité de la protagoniste, on pose nécessairement celle de la responsabilité de la famille. Malgré son geste, Thérèse est victime et **tous les autres paraissent inhumains.**

4. PISTES DE RÉFLEXION

Quelques questions pour approfondir sa réflexion...

- Thérèse est un personnage monstrueux : elle a tenté d'empoisonner son mari, elle n'aime pas son enfant, elle est jalouse d'Anne, etc. Pourtant, elle suscite la sympathie et la compassion, et le lecteur s'identifie à elle plus qu'aux autres personnages. Comment expliquez-vous cela ?

- Contre quoi Mauriac tourne-t-il sa critique à travers le personnage de Bernard Desqueyroux ?

- Quels rôles jouent Anne de la Trave et Jean Azévédo dans la vie de Thérèse ? Sont-ils nécessaires à l'histoire ?

- Selon vous, quel est le but de l'adresse à Thérèse au début du roman ?

- *Thérèse Desqueyroux* est inspiré d'un fait divers qui a réellement eu lieu. Citez d'autres auteurs célèbres qui ont eux aussi fondés leurs romans ou leurs nouvelles sur des faits divers.

- Le premier chapitre présente Thérèse comme une coupable. En est-il de même dans le reste du livre ? Justifiez.

- Ce roman est le premier d'un cycle consacré au personnage de Thérèse Desqueyroux. Ce personnage présente-t-il le même caractère dans les autres romans et nouvelles du cycle ou a-t-il évolué ? Expliquez.

- Ce roman donne un aperçu de la condition de la femme au début du 19e siècle. Quelle est cette condition ?

- Pourquoi peut-on dire que ce roman anticipe le roman psychologique moderne ?

- Comparez le personnage de Thérèse avec Meursault, personnage principal de l'*Etranger* de Camus.

- La fin du roman vous semble-t-elle optimiste ou, au contraire, pessimiste ? Justifiez votre réponse.

5. INFORMATIONS COMPLÉMENTAIRES

Récurrence du personnage de Thérèse Desqueyroux

- Le personnage de Thérèse Desqueyroux réapparait dans un cycle composé du roman *Ce qui était perdu* (1930), de deux nouvelles, *Thérèse chez le docteur* (1932) et *Thérèse à l'hôtel* (1933), et du roman *La Fin de la nuit* (1935).

Adaptations

- En 1961, Diego Fabbri a porté *Thérèse Desqueyroux* à la scène en insistant principalement sur le côté social du roman.

- En 1962, Georges Franju, en fait un film: Emanuelle Rivat joue le rôle de Thérèse et Philippe Noiret celui de Bernard.

Étude de référence

- V. Bartoli-Anglard, *François Mauriac. « Thérèse Desqueyroux »*, « Études littéraires », PUF, 1992.

Édition de référence

- Thérèse Desqueyroux, Paris, Bernard Grasset, «Le livre de poche», 1927.

LePetitLittéraire.fr, une collection en ligne d'analyses littéraires de référence :
- des fiches de lecture, des questionnaires de lecture et des commentaires composés
- sur plus de 500 œuvres classiques et contemporaines
- ... le tout dans un langage clair et accessible !

Connectez-vous sur lePetitLittéraire.fr et téléchargez nos documents en quelques clics :

Adamek, *Le fusil à pétales*
Alibaba et les 40 voleurs
Amado, *Cacao*
Ancion, *Quatrième étage*
Andersen, *La petite sirène et autres contes*
Anouilh, *Antigone*
Anouilh, *Le Bal des voleurs*
Aragon, *Aurélien*
Aragon, *Le Paysan de Paris*
Aragon, *Le Roman inachevé*
Aurevilly, *Le chevalier des Touches*
Aurevilly, *Les Diaboliques*
Austen, *Orgueil et préjugés*
Austen, *Raison et sentiments*
Auster, *Brooklyn Folies*
Aymé, *Le Passe-Muraille*
Balzac, *Ferragus*
Balzac, *La Cousine Bette*
Balzac, *La Duchesse de Langeais*
Balzac, *La Femme de trente ans*
Balzac, *La Fille aux yeux d'or*
Balzac, *Le Bal des sceaux*
Balzac, *Le Chef-d'oeuvre inconnu*
Balzac, *Le Colonel Chabert*
Balzac, *Le Père Goriot*
Balzac, *L'Elixir de longue vie*
Balzac, *Les Chouans*
Balzac, *Les Illusions perdues*
Balzac, *Sarrasine*
Balzac, *Eugénie Grandet*
Balzac, *La Peau de chagrin*
Balzac, *Le Lys dans la vallée*
Barbery, *L'Elégance du hérisson*
Barbusse, *Le feu*
Baricco, *Soie*
Barjavel, *La Nuit des temps*
Barjavel, *Ravage*
Bauby, *Le scaphandre et le papillon*
Bauchau, *Antigone*
Bazin, *Vipère au poing*
Beaumarchais, *Le Barbier de Séville*
Beaumarchais, *Le Mariage de Figaro*
Beauvoir, *Le Deuxième sexe*
Beauvoir, *Mémoires d'une jeune fille rangée*
Beckett, *En attendant Godot*
Beckett, *Fin de partie*
Beigbeder, *Un roman français*
Benacquista, *La boîte noire et autres nouvelles*
Benacquista, *Malavita*
Bourdouxhe, *La femme de Gilles*
Bradbury, *Fahrenheit 451*
Breton, *L'Amour fou*
Breton, *Le Manifeste du Surréalisme*
Breton, *Nadja*
Brink, *Une saison blanche et sèche*

Brisville, *Le Souper*
Brönte, *Jane Eyre*
Brönte, *Les Hauts de Hurlevent*
Brown, *Da Vinci Code*
Buzzati, *Le chien qui a vu Dieu et autres nouvelles*
Buzzati, *Le veston ensorcelé*
Calvino, *Le Vicomte pourfendu*
Camus, *La Chute*
Camus, *Le Mythe de Sisyphe*
Camus, *Le Premier homme*
Camus, *Les Justes*
Camus, *L'Etranger*
Camus, *Caligula*
Camus, *La Peste*
Carrère, *D'autres vies que la mienne*
Carrère, *Le retour de Martin Guerre*
Carrière, *La controverse de Valladolid*
Carrol, *Alice au pays des merveilles*
Cassabois, *Le Récit de Gildamesh*
Céline, *Mort à crédit*
Céline, *Voyage au bout de la nuit*
Cendrars, *J'ai saigné*
Cendrars, *L'Or*
Cervantès, *Don Quichotte*
Césaire, *Les Armes miraculeuses*
Chanson de Roland
Char, *Feuillets d'Hypnos*
Chateaubriand, *Atala*
Chateaubriand, *Mémoires d'Outre-Tombe*
Chateaubriand, *René 25*
Chateaureynaud, *Le verger et autres nouvelles*
Chevalier, *La dame à la licorne*
Chevalier, *La jeune fille à la perle*
Chraïbi, *La Civilisation, ma Mère!...*
Chrétien de Troyes, *Lancelot ou le Chevalier de la Charrette*
Chrétien de Troyes, *Perceval ou le Roman du Graal*
Chrétien de Troyes, *Yvain ou le Chevalier au Lion*
Chrétien de Troyes, *Erec et Enide*
Christie, *Dix petits nègres*
Christie, *Nouvelles policières*
Claudel, *La petite fille de Monsieur Lihn*
Claudel, *Le rapport de Brodeck*
Claudel, *Les âmes grises*
Cocteau, *La Machine infernale*
Coelho, *L'Alchimiste*
Cohen, *Le Livre de ma mère*
Colette, *Dialogues de bêtes*
Conrad, *L'hôte secret*
Conroy, *Corps et âme*
Constant, *Adolphe*
Corneille, *Cinna*

Corneille, *Horace*
Corneille, *Le Menteur*
Corneille, *Le Cid*
Corneille, *L'Illusion comique*
Courteline, *Comédies*
Daeninckx, *Cannibale*
Dai Sijie, *Balzac et la Petite Tailleuse chinoise*
Dante, *L'Enfer*
Daudet, *Les Lettres de mon moulin*
De Gaulle, *Mémoires de guerre III. Le Salut. 1944-1946*
De Lery, *Voyage en terre de Brésil*
De Vigan, *No et moi*
Defoe, *Robinson Crusoé*
Del Castillo, *Tanguy*
Deutsch, *Les garçons*
Dickens, *Oliver Twist*
Diderot, *Jacques le fataliste*
Diderot, *Le Neveu de Rameau*
Diderot, *Paradoxe sur le comédien*
Diderot, *Supplément au voyage de Bougainville*
Dorgelès, *Les croix de bois*
Dostoïevski, *Crime et châtiment*
Dostoïevski, *L'Idiot*
Doyle, *Le Chien des Baskerville*
Doyle, *Le ruban moucheté*
Doyle, *Scandales en bohème et autres contes*
Dugain, *La chambre des officiers*
Dumas, *Le Comte de Monte Cristo*
Dumas, *Les Trois Mousquetaires*
Dumas, *Pauline*
Duras, *Le Ravissement de Lol V. Stein*
Duras, *L'Amant*
Duras, *Un barrage contre le Pacifique*
Eco, *Le Nom de la rose*
Enard, *Parlez-leur de batailles, de rois et d'éléphants*
Ernaux, *La Place*
Ernaux, *Une femme*
Fabliaux du Moyen Age
Farce de Maitre Pathelin
Faulkner, *Le bruit et la fureur*
Feydeau, *Feu la mère de Madame*
Feydeau, *On purge bébé*
Feydeau, *Par la fenêtre et autres pièces*
Fine, *Journal d'un chat assassin*
Flaubert, *Bouvard et Pecuchet*
Flaubert, *Madame Bovary*
Flaubert, *L'Education sentimentale*
Flaubert, *Salammbô*
Follett, *Les piliers de la terre*
Fournier, *Où on va papa?*
Fournier, *Le Grand Meaulnes*

Frank, *Le Journal d'Anne Frank*
Gary, *La Promesse de l'aube*
Gary, *La Vie devant soi*
Gary, *Les Cerfs-volants*
Gary, *Les Racines du ciel*
Gaudé, *Eldorado*
Gaudé, *La Mort du roi Tsongor*
Gaudé, *Le Soleil des Scorta*
Gautier, *La morte amoureuse*
Gautier, *Le capitaine Fracasse*
Gautier, *Le chevalier double*
Gautier, *Le pied de momie et autres contes*
Gavalda, *35 kilos d'espoir*
Gavalda, *Ensemble c'est tout*
Genet, *Journal d'un voleur*
Gide, *La Symphonie pastorale*
Gide, *Les Caves du Vatican*
Gide, *Les Faux-Monnayeurs*
Giono, *Le Chant du monde*
Giono, *Le Grand Troupeau*
Giono, *Le Hussard sur le toit*
Giono, *L'homme qui plantait des arbres*
Giono, *Les Âmes fortes*
Giono, *Un roi sans divertissement*
Giordano, *La solitude des nombres premiers*
Giraudoux, *Electre*
Giraudoux, *La guerre de Troie n'aura pas lieu*
Gogol, *Le Manteau*
Gogol, *Le Nez*
Golding, *Sa Majesté des Mouches*
Grimbert, *Un secret*
Grimm, *Contes*
Gripari, *Le Bourricot*
Guilleragues, *Lettres de la religieuse portugaise*
Gunzig, *Mort d'un parfait bilingue*
Harper Lee, *Ne tirez pas sur l'oiseau moqueur*
Hemingway, *Le Vieil Homme et la Mer*
Hessel, *Engagez-vous!*
Hessel, *Indignez-vous!*
Higgins, *Harold et Maud*
Higgins Clark, *La nuit du renard*
Homère, *L'Iliade*
Homère, *L'Odyssée*
Horowitz, *La Photo qui tue*
Horowitz, *L'Île du crâne*
Hosseini, *Les Cerfs-volants de Kaboul*
Houellebecq, *La Carte et le Territoire*
Hugo, *Claude Gueux*
Hugo, *Hernani*
Hugo, *Le Dernier Jour d'un condamné*
Hugo, *L'Homme qui Rit*
Hugo, *Notre-Dame de Paris*
Hugo, *Quatrevingt-Treize*
Hugo, *Les Misérables*
Hugo, *Ruy Blas*
Huston, *Lignes de faille*
Huxley, *Le meilleur des mondes*
Huysmans, *À rebours*
Huysmans, *Là-Bas*
Ionesco, *La cantatrice Chauve*
Ionesco, *La leçon*
Ionesco, *Le Roi se meurt*
Ionesco, *Rhinocéros*
Istrati, *Mes départs*

Jaccottet, *A la lumière d'hiver*
Japrisot, *Un long dimanche de fiançailles*
Jary, *Ubu Roi*
Joffo, *Un sac de billes*
Jonquet, *La vie de ma mère!*
Juliet, *Lambeaux*
Kadaré, *Qui a ramené Doruntine?*
Kafka, *La Métamorphose*
Kafka, *Le Château*
Kafka, *Le Procès*
Kafka, *Lettre au père*
Kerouac, *Sur la route*
Kessel, *Le Lion*
Khadra, *L'Attentat*
Koenig, *Nitocris, reine d'Egypte*
La Bruyère, *Les Caractères*
La Fayette, *La Princesse de Clèves*
La Fontaine, *Fables*
La Rochefoucauld, *Maximes*
Läckberg, *La Princesse des glaces*
Läckberg, *L'oiseau de mauvais augure*
Laclos, *Les Liaisons dangereuses*
Lamarche, *Le jour du chien*
Lampedusa, *Le Guépard*
Larsson, *Millenium I. Les hommes qui n'aimaient pas les femmes*
Laye, *L'enfant noir*
Le Clézio, *Désert*
Le Clézio, *Mondo*
Leblanc, *L'Aiguille creuse*
Leiris, *L'Âge d'homme*
Lemonnier, *Un mâle*
Leprince de Beaumont, *La Belle et la Bête*
Leroux, *Le Mystère de la Chambre Jaune*
Levi, *Si c'est un homme*
Levy, *Et si c'était vrai...*
Levy, *Les enfants de la liberté*
Levy, *L'étrange voyage de Monsieur Daldry*
Lewis, *Le Moine*
Lindgren, *Fifi Brindacier*
Littell, *Les Bienveillantes*
London, *Croc-Blanc*
London, *L'Appel de la forêt*
Maalouf, *Léon l'africain*
Maalouf, *Les échelles du levant*
Machiavel, *Le Prince*
Madame de Staël, *Corinne ou l'Italie*
Maeterlinck, *Pelléas et Mélisande*
Malraux, *La Condition humaine*
Malraux, *L'Espoir*
Mankell, *Les chaussures italiennes*
Marivaux, *Les Acteurs de bonne foi*
Marivaux, *L'île des esclaves*
Marivaux, *La Dispute*
Marivaux, *La Double Inconstance*
Marivaux, *La Fausse Suivante*
Marivaux, *Le Jeu de l'amour et du hasard*
Marivaux, *Les Fausses Confidences*
Maupassant, *Boule de Suif*
Maupassant, *La maison Tellier*
Maupassant, *La morte et autres nouvelles fantastiques*
Maupassant, *La parure*
Maupassant, *La peur et autres contes fantastiques*
Maupassant, *Le Horla*
Maupassant, *Mademoiselle Perle et*

autres nouvelles
Maupassant, *Toine et autres contes*
Maupassant, *Bel-Ami*
Maupassant, *Le papa de Simon*
Maupassant, *Pierre et Jean*
Maupassant, *Une vie*
Mauriac, *Le Mystère Frontenac*
Mauriac, *Le Noeud de vipères*
Mauriac, *Le Sagouin*
Mauriac, *Thérèse Desqueyroux*
Mazetti, *Le mec de la tombe d'à côté*
McCarthy, *La Route*
Mérimée, *Colomba*
Mérimée, *La Vénus d'Ille*
Mérimée, *Carmen*
Mérimée, *Les Âmes du purgatoire*
Mérimée, *Matéo Falcone*
Mérimée, *Tamango*
Merle, *La mort est mon métier*
Michaux, *Ecuador et un barbare en Asie*
Mille et une Nuits
Mishima, *Le pavillon d'or*
Modiano, *Lacombe Lucien*
Molière, *Amphitryon*
Molière, *L'Avare*
Molière, *Le Bourgeois gentilhomme*
Molière, *Le Malade imaginaire*
Molière, *Le Médecin volant*
Molière, *L'Ecole des femmes*
Molière, *Les Précieuses ridicules*
Molière, *L'Impromptu de Versailles*
Molière, *Dom Juan*
Molière, *Georges Dandin*
Molière, *Le Misanthrope*
Molière, *Le Tartuffe*
Molière, *Les Femmes savantes*
Molière, *Les Fourberies de Scapin*
Montaigne, *Essais*
Montesquieu, *L'Esprit des lois*
Montesquieu, *Lettres persanes*
More, *L'Utopie*
Morpurgo, *Le Roi Arthur*
Musset, *Confession d'un enfant du siècle*
Musset, *Fantasio*
Musset, *Il ne faut juger de rien*
Musset, *Les Caprices de Marianne*
Musset, *Lorenzaccio*
Musset, *On ne badine pas avec l'amour*
Musso, *La fille de papier*
Musso, *Que serais-je sans toi?*
Nabokov, *Lolita*
Ndiaye, *Trois femmes puissantes*
Nemirovsky, *Le Bal*
Nemirovsky, *Suite française*
Nerval, *Sylvie*
Nimier, *Les inséparables*
Nothomb, *Hygiène de l'assassin*
Nothomb, *Stupeur et tremblements*
Nothomb, *Une forme de vie*
N'Sondé, *Le coeur des enfants léopards*
Obaldia, *Innocentines*
Onfray, *Le corps de mon père, autobiographie de ma mère*
Orwell, *1984*
Orwell, *La Ferme des animaux*
Ovaldé, *Ce que je sais de Vera Candida*
Ovide, *Métamorphoses*
Oz, *Soudain dans la forêt profonde*

Pagnol, *Le château de ma mère*
Pagnol, *La gloire de mon père*
Pancol, *La valse lente des tortues*
Pancol, *Les écureuils de Central Park sont tristes le lundi*
Pancol, *Les yeux jaunes des crocodiles*
Pascal, *Pensées*
Péju, *La petite chartreuse*
Pennac, *Cabot-Caboche*
Pennac, *Au bonheur des ogres*
Pennac, *Chagrin d'école*
Pennac, *Kamo*
Pennac, *La fée carabine*
Perec, *W ou le souvenir d'Enfance*
Pergaud, *La guerre des boutons*
Perrault, *Contes*
Petit, *Fils de guerre*
Poe, *Double Assassinat dans la rue Morgue*
Poe, *La Chute de la maison Usher*
Poe, *La Lettre volée*
Poe, *Le chat noir et autres contes*
Poe, *Le scarabée d'or*
Poe, *Manuscrit trouvé dans une bouteille*
Polo, *Le Livre des merveilles*
Prévost, *Manon Lescaut*
Proust, *Du côté de chez Swann*
Proust, *Le Temps retrouvé*
Queffélec, *Les Noces barbares*
Queneau, *Les Fleurs bleues*
Queneau, *Pierrot mon ami*
Queneau, *Zazie dans le métro*
Quignard, *Tous les matins du monde*
Quint, *Effroyables jardins*
Rabelais, *Gargantua*
Rabelais, *Pantagruel*
Racine, *Andromaque*
Racine, *Bajazet*
Racine, *Bérénice*
Racine, *Britannicus*
Racine, *Iphigénie*
Racine, *Phèdre*
Radiguet, *Le diable au corps*
Rahimi, *Syngué sabour*
Ray, *Malpertuis*
Remarque, *A l'Ouest, rien de nouveau*
Renard, *Poil de carotte*
Reza, *Art*
Richter, *Mon ami Frédéric*
Rilke, *Lettres à un jeune poète*
Rodenbach, *Bruges-la-Morte*
Romains, *Knock*
Roman de Renart
Rostand, *Cyrano de Bergerac*
Rotrou, *Le Véritable Saint Genest*
Rousseau, *Du Contrat social*
Rousseau, *Emile ou de l'Education*
Rousseau, *Les Confessions*
Rousseau, *Les Rêveries du promeneur solitaire*
Rowling, *Harry Potter–La saga*
Rowling, *Harry Potter à l'école des sorciers*
Rowling, *Harry Potter et la Chambre des Secrets*
Rowling, *Harry Potter et la coupe de feu*
Rowling, *Harry Potter et le prisonnier d'Azkaban*
Rufin, *Rouge brésil*

Saint-Exupéry, *Le Petit Prince*
Saint-Exupéry, *Vol de nuit*
Saint-Simon, *Mémoires*
Salinger, *L'attrape-coeurs*
Sand, *Indiana*
Sand, *La Mare au diable*
Sarraute, *Enfance*
Sarraute, *Les Fruits d'Or*
Sartre, *La Nausée*
Sartre, *Les mains sales*
Sartre, *Les mouches*
Sartre, *Huis clos*
Sartre, *Les Mots*
Sartre, *L'existentialisme est un humanisme*
Sartre, *Qu'est-ce que la littérature?*
Schéhérazade et Aladin
Schlink, *Le Liseur*
Schmitt, *Odette Toutlemonde*
Schmitt, *Oscar et la dame rose*
Schmitt, *La Part de l'autre*
Schmitt, *Monsieur Ibrahim et les fleurs du Coran*
Semprun, *Le mort qu'il faut*
Semprun, *L'Ecriture ou la vie*
Sépulvéda, *Le Vieux qui lisait des romans d'amour*
Shaffer et Barrows, *Le Cercle littéraire des amateurs d'épluchures de patates*
Shakespeare, *Hamlet*
Shakespeare, *Le Songe d'une nuit d'été*
Shakespeare, *Macbeth*
Shakespeare, *Romeo et Juliette*
Shan Sa, *La Joueuse de go*
Shelley, *Frankenstein*
Simenon, *Le bourgmestre de Fume*
Simenon, *Le chien jaune*
Sinbad le marin
Sophocle, *Antigone*
Sophocle, *Œdipe Roi*
Steeman, *L'Assassin habite au 21*
Steinbeck, *La perle*
Steinbeck, *Les raisins de la colère*
Steinbeck, *Des souris et des hommes*
Stendhal, *Les Cenci*
Stendhal, *Vanina Vanini*
Stendhal, *La Chartreuse de Parme*
Stendhal, *Le Rouge et le Noir*
Stevenson, *L'Etrange cas du Docteur Jekyll et de M. Hyde*
Stevenson, *L'Île au trésor*
Süskind, *Le Parfum*
Szpilman, *Le Pianiste*
Taylor, *Inconnu à cette adresse*
Tirtiaux, *Le passeur de lumière*
Tolstoï, *Anna Karénine*
Tolstoï, *La Guerre et la paix*
Tournier, *Vendredi ou la vie sauvage*
Tournier, *Vendredi ou les limbes du pacifique*
Toussaint, *Fuir*
Tristan et Iseult
Troyat, *Aliocha*
Uhlman, *L'Ami retrouvé*
Ungerer, *Otto*
Vallès, *L'Enfant*
Vargas, *Dans les bois éternels*
Vargas, *Pars vite et reviens tard*
Vargas, *Un lieu incertain*

Verne, *Deux ans de vacances*
Verne, *Le Château des Carpathes*
Verne, *Le Tour du monde en 80 jours*
Verne, *Madame Zacharius, Aventures de la famille Raton*
Verne, *Michel Strogoff*
Verne, *Un hivernage dans les glaces*
Verne, *Voyage au centre de la terre*
Vian, *L'écume des jours*
Vigny, *Chatterton*
Virgile, *L'Enéide*
Voltaire, *Jeannot et Colin*
Voltaire, *Le monde comme il va*
Voltaire, *L'Ingénu*
Voltaire, *Zadig*
Voltaire, *Candide*
Voltaire, *Micromégas*
Wells, *La guerre des mondes*
Werber, *Les Fourmis*
Wilde, *Le Fantôme de Canterville*
Wilde, *Le Portrait de Dorian Gray*
Woolf, *Mrs Dalloway*
Yourcenar, *Comment Wang-Fô fut sauvé*
Yourcenar, *Mémoires d'Hadrien*
Zafón, *L'Ombre du vent*
Zola, *Au Bonheur des Dames*
Zola, *Germinal*
Zola, *Jacques Damour*
Zola, *La Bête Humaine*
Zola, *La Fortune des Rougon*
Zola, *La mort d'Olivier Bécaille et autres nouvelles*
Zola, *L'attaque du moulin et autre nouvelles*
Zola, *Madame Sourdis et autres nouvelles*
Zola, *Nana*
Zola, *Thérèse Raquin*
Zola, *La Curée*
Zola, *L'Assommoir*
Zweig, *La Confusion des sentiments*
Zweig, *Le Joueur d'échecs*

NOTES

Printed in Germany
by Amazon Distribution
GmbH, Leipzig